Michael Clever

Der 'Browser-Krieg' - eine wettbewerbsstrategische Analyse

GRIN Verlag

Bibliografische Information der Deutschen Nationalbibliothek:

Die Deutsche Bibliothek verzeichnet diese Publikation in der Deutschen National-
bibliografie; detaillierte bibliografische Daten sind im Internet über http://dnb.d-
nb.de/ abrufbar.

Impressum:

Copyright © 2002 GRIN Verlag GmbH
Druck und Bindung: Books on Demand GmbH, Norderstedt Germany
ISBN: 978-3-656-62063-1

Dieses Buch bei GRIN:

http://www.grin.com/de/e-book/23562/der-browser-krieg-eine-wettbewerbsstrate-
gische-analyse

LEHRSTUHL
FÜR WIRTSCHAFTSINFORMATIK
Systementwicklung

Hauptseminar Wirtschaftinformatik
im SS 2002

Thema - Nr. 4

Der „Browser-Krieg" – eine wettbewerbsstrategische Analyse

vorgelegt von:

Clever, Michael

Inhaltsverzeichnis

1. Einleitung

Entstanden aus einem militärischen Forschungsprojekt der US-Regierung Ende der sechziger Jahre und über drei Jahrzehnte hauptsächlich für akademische Zwecke genutzt, legte Tim Berners-Lee durch die Entwicklung dreier Standards (HTML, HTTP, URL)[1] 1989 den Grundstein für das heutige Internet.[2]

Zerdick sieht die Geburtsstunde des Internets drei Jahre später in der Entwicklung des Mosaic-Browsers begründet, aus dem der Netscape Navigator und letztlich alle heutigen Browser hervorgingen.[3]

Unbestritten ist der Einfluss, den Webbrowser als zentrales Element dieser neuen Technologie für die Etablierung und das rasante Wachstum des World Wide Web hatten. Wie die Entwicklung vom Großrechner zum Personal Computer, hatte dieser Technologiewandel das Potential, die Computerindustrie zu revolutionieren.[4]

Aus Angst, seine dominierende Stellung im Bereich von Betriebssystemen und Anwendungssoftware bei Desktop Computern zu verlieren, trat Microsoft in den Markt des Internets ein und es kam zum Browserkrieg zwischen Microsoft und Netscape.

In dieser Seminararbeit soll das wettbewerbsstrategische Vorgehen der beiden Unternehmen untersucht und die entscheidenden Faktoren für den Verlauf und Ausgang des Browserkrieges dargestellt werden.

Der Begriff „Wettbewerbsstrategie" ist im Sinne der Definition von „Business Modellen" von Afuah und Tucci zu verstehen.[5] Eine Strategie beschreibt die Methode, mit der ein Unternehmen seinen Kunden unter Einsatz seiner Ressourcen einen Mehrwert gegenüber von Konkurrenten bietet, damit Erträge erzielt und einen nachhaltigen Wettbewerbsvorteil erzielt.

Nach kurzer Einführung der Besonderheiten von Softwareprodukten (digitale Güter) und Vorstellung eines Strategie-Modells in der Internet-Ökonomie, werden die beiden Kontrahenten vorgestellt.

Nach einem Rückblick auf die Unternehmensentstehung von Netscape werden anschließend die strategischen Maßnahmen, sowie zentrale Gedanke der „Offenheit" erläutert.

---

[1] Definition und Beschreibung der Standards auf den Seiten des "W3C - World Wide Web Consortium" unter http://www.w3c.org..

[2] Vgl. Quittner, Slatalla /Speeding the Net/ 65-66.

[3] Vgl. Zerdick /Die Internetökonomie/ 142.

[4] Vgl. Korzeniowski /Microsoft versus Netscape/ 5-6 und Cusumano, Yoffie /Competing on Internet Time/ 2.

[5] Vgl. Afuah, Tucci /Internet business models/ 3-4.

Im Falle Microsoft werden neben der Strategie, die es zum marktführenden Softwareunternehmen gemacht hat, die konkreten Maßnahmen während des Browserkrieges analysiert und - in Bezug auf die Ausnutzung der dominierenden Markstellung - kritisch betrachtet.

Abschließend wird das Ergebnis des Browserkrieges dargestellt und unter Rückgriff auf die zuvor beschriebenen Maßnahmen die entscheidenden Faktoren herausgearbeitet.

2. Die Internetökonomie

Auch wenn Aussagen wie "Neue Spielregeln halten Einzug: Ein neues ökonomisches Marktmodell"[6] oder "Gesetze der klassischen Ökonomie scheinen nicht mehr zu gelten."[7] die Situation sehr überspitzt darstellen, deuten sie doch an, dass die neuen Informationstechnologien tiefgreifende und nicht zu unterschätzende Einflüsse auf die "alte Ökonomie" haben.

Im Folgenden sollen kurz die Besonderheiten von Gütern in der digitalen Welt dargestellt und wesentliche Techniken für eine erfolgreiche Strategie in der "im Zeitalter des Internets unwahrscheinlich schnellen und unvorhersehbaren Geschäftswelt"[8] vorgestellt werden.

2.1. Digitale Güter und ihre Besonderheiten

Digitale Güter sind immaterielle Mittel zur Bedürfnisbefriedigung, die in Form von Binärdaten dargestellt, übertragen und verarbeitet werden können.[9] Es kann sich hierbei um einfache Produkte oder auch komplexe Dienstleistungen handeln, die sich je nach Kombination mit herkömmlichen Dienstleistungen (Beratung) oder der Nutzung bestimmter Distributionswege (Vertrieb physischer Medien) in verschiedene Digitalisierungsgrade differenzieren lassen. Vollständig digitale Güter werden ausschließlich mit Hilfe von Informationssystemen entwickelt, vertrieben und angewandt.

Der von Arthur geprägte Begriff der positiven Feedback-Effekte oder "Increasing Returns"[10] beschreibt drei Aspekte, die vor allem im Zusammenhang mit digitalen Gütern von Bedeutung sind und nun kurz vorgestellt werden sollen:

---

[6] Vgl. Zerdick /Die Internetökonomie/ 155.

[7] Vgl. Zerdick /Die Internetökonomie/ 13.

[8] Vgl. Cusumano, Yoffie /Competing on Internet Time/ 5.

[9] Vgl. zu diesem Abschnitt Stelzer /Digitale Güter/ 836-841.

[10] Vgl. ausführlicher zu den folgenden Absätzen Arthur /Increasing Returns/ 116-131.

Digitale Güter zeichnen sich durch sehr hohe Entwicklungskosten und sehr niedrige (Re-)produktions- und Vertriebskosten aus,[11] was zu extremer Stückkostendegression führt. Je höher die Absatzzahlen sind und je größer der Anteil der Fixkosten an den Gesamtkosten ist, desto eher kann der bzgl. des Marktanteils dominierende Anbieter seine Vormachtstellung weiter ausbauen, da er im Preiswettbewerb aufgrund der größten Produktionsmenge für die Konkurrenten nicht angreifbar ist.

Neben den zuvor beschriebenen Skaleneffekten spielen Netzwerkeffekte eine wichtige Rolle.[12] Besonders digitale Güter sind häufig in Netzwerkökonomien eingegliedert, d.h. sie stehen in engem Zusammenhang mit anderen, komplementären Produkten. Wettbewerbsvorteile kann derjenige erlangen, dem es gelingt, Standards zu setzen und von Netzwerkexternalitäten zu profitieren. Netzwerkexternalitäten beschreiben den steigenden Basisnutzen einer Technologie, wenn es zu einer Ausweitung der Kundenbasis kommt.

Der dritte Aspekt ist der sogenannte "Lock-In Effekt", der aufgrund von Wechselkosten entsteht. Er beschreibt die Neigung der Kunden, eine neue Technologie nur bei deutlichen finanziellen bzw. qualitativen Vorteilen gegenüber der Installierten vorzuziehen. Neben den Anschaffungskosten und den Kosten für die Integration eines neuen Systems[13] in die gegebene Betriebsumgebung, sind als zweite Komponente die Opportunitätskosten zu berücksichtigen, die dadurch entstehen, dass das ursprünglich eingesetzte Produkt nicht mehr verwendet wird.

Um von positiven Feedback-Effekten zu profitieren, ist es das primäre Ziel eines Anbieters einen dominierenden Marktanteil zu erlangen. Aufgrund großer Absatzzahlen profitiert er von Skaleneffekten, der hohe Marktanteil führt zu Netzwerkeffekten und ein Ausbrechen aus „seinem" System verursacht erhebliche Wechselkosten. Ein dominierender Anbieter wird also wegen der positiven Feedback-Effekte seinen Marktanteil weiter ausbauen können (zusammenfassende Darstellung in Abb. 2-1).

---

[11] Mit steigendem Digitalisierungsgrad tendieren die variablen Kosten gegen Null.

[12] Vgl. ausführlich zu diesem Absatz Katz, Shapiro /Network Externalities/ 822-826.

[13] Besonders bei Digitalen Gütern spielt die Berücksichtigung von Integrationskosten eine wichtige Rolle, da es bei einem Technologiewechsel zum bedeutenden Verlust von Lerneffekten bzgl. der gewohnten Systemumgebung kommt.

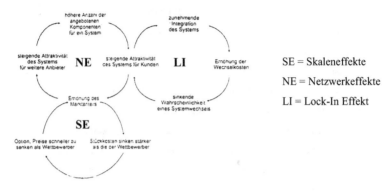

SE = Skaleneffekte

NE = Netzwerkeffekte

LI = Lock-In Effekt

Abb. 2-1: Increasing Returns[14]

2.2. "Judo-Strategien"

Im Zeitalter des Internets erfolgreich zu sein bedeutet nicht, die bisherigen Ansichten bzgl. effizienter und bewährter Business Modelle für überholt zu erachten und sich, wie oben bereits überspitzt ausgedrückt, auf neue Spielregeln und ein neues Marktmodell einzustellen. Porter beschreibt dies wie folgt "... see the Internet for what it is: an enabling technology - a powerful set of tools that can be used, wisely or unwisely, in almost any industry and as part of almost any strategy.".[15]

Das Internet ermöglicht es Newcomern, wenn es ihnen gelingt diese neue Technologie konsequent und geschickt in ihre Internetstrategie[16] einzubetten, mit etablierten Unternehmen in einen intensiven, erfolgversprechenden Wettbewerb zu treten.

Yoffie, Cusumano vergleichen die Auseinandersetzung zweier - aufgrund ihrer Größe und Stärke sehr unterschiedlicher Unternehmen - in einer solch dynamischen Umgebung mit einem Judo-Kampf.[17]

Die drei grundlegenden Elemente Beweglichkeit, Flexibilität und Hebelkraft sind es, die es in der Kunst des Judo dem Schwächeren ermöglichen sollen sich auch gegen überlegene Gegner zu behaupten:

Beweglichkeit, sich auf neuen, unumkämpften Märkten aufzustellen und die direkte Konfrontation (Sumo-Strategie) mit Kontrahenten zu vermeiden, indem man bei direk-

---

[14] Vgl. Stelzer /Digitale Güter/ 841.

[15] Vgl. Porter /Strategy and the Internet/ 64.

[16] Spezielle Ausprägung des „business model"-Begriffs, vgl. Afuah, Tucci /Internet business models/ 45.

[17] Vgl. hierzu ausführlicher Yoffie, Cusumano /Judo Strategy/ 71-77.

ten Auseinandersetzungen auf andere Geschäftfelder ausweicht. Beweglichkeit bedeutet weiterhin, innovative Modelle in Bezug auf Preisgestaltung und Distribution zu entwickeln.

Flexibilität, auch auf unerwartete Aktionen zu reagieren und einem stärkeren Gegner bei direkten Angriffen das Feld zu überlassen, gleichzeitig aber aus dessen Aktionen zu lernen und sich diese zu Nutze zu machen.

Hebelwirkung, in Form eines geschickten Einsatzes bestimmter Eigenschaften des Kontrahenten, wie z.B. der Kundenbasis, gegen ihn selbst.

Wie sich im weiteren Verlauf zeigen wird, liegen die Anwendungsmöglichkeiten dieser Judo-Strategien nicht nur auf Seiten des Newcomers, sondern auch der Etablierte kann sie erfolgreich zu seinen Gunsten einsetzen.

3. Das Phänomen Netscape

3.1. Der Aufstieg von Netscape

Fasziniert von den durch Tim Berners-Lee geschaffenen Standards, war Marc Andreessen einer der Ersten, der das Potential des Internets erkannte. Zu Beginn der neunziger Jahre arbeitete er für das National Centre for Supercomputing Applications (NCSA).[18] Dort entwickelte er den Mosaic-Browser, den ersten Browser mit grafischer Benutzeroberfläche. Wegen Unstimmigkeiten bzgl. der zukünftigen Vermarktung und Weiterentwicklung und weil Andreessen die Leitung des Mosaic-Projektes verwehrt wurde, verließ er NCSA.[19]

Das Aufsehen, dass der neue Browser geweckt hatte, war der Grund, warum Jim Clark[20], nach seinem Rücktritt bei Silicon Graphics, Inc. seine neue Herausforderung „information highway" suchte und sich an Andreessen wandte.[21]

Die „Vision Netscape" war geboren. Andreessen, der die Browsertechnologie bis zum aktuellen Stand geprägt hatte, und Clark, der neben finanziellen Mitteln, Erfahrung und hervorragende Geschäftskontakte einbrachte.[22] Ziel war es, die Mosaic-Technologie durch eine Überlegene zu ersetzen. Clark rekrutierte Mitarbeiter aus seiner Zeit bei SGI

---

[18] Eine Einrichtung der Universität Illinois, die sich mit der Nutzbarmachung von wissenschaftlichen Erkenntnissen der Informationstechnologie auf Massenmärkten beschäftigt, vgl. Korzeniowski /Microsoft versus Netscape/ 194.

[19] Vgl. sehr ausführlich zu diesem Absatz Quittner, Slatalla /Speeding the Net/ 34-79 und Clark, Edwards /Netscape Time/ 38-42.

[20] Vgl. zur Person Quittner, Slatalla /Speeding the Net/ 83-89.

[21] Vgl. ausführlicher Clark, Edwards /Netscape Time/ 33-42.

[22] Vgl. Cusumano, Yoffie /Competig on Internet Time/ 19-21.

und fast das gesamte Entwicklungsteam des Mosaic-Browsers konnte ebenfalls für das neue Unternehmen gewonnen werden.

Kurzfristig stellten NCSA und diverse Lizenznehmer (Hauptlizenznehmer Spyglass) des Mosaic-Codes die größten Konkurrenten für Netscape dar, aber Clark war von Beginn an überzeugt, dass, wenn Netscape Erfolg haben würde, auch große Softwareunternehmen die Chance erkennen würden. Allen voran ein scheinbar übermächtiger Gegner – Microsoft.[23]

Als Jim Barksdale[24] im Januar 1995 als CEO die Führung von Netscape übernahm, war es seine Hauptaufgabe Netscape am Markt zu positionieren und eine Produktlinie aufzubauen, die wachstumsfähig und vor allen Dingen in der Lage war, Umsätze und schließlich Gewinne zu generieren.[25] Die Rekrutierung erfahrener Manager und Programmierer und die Akquisitionstätigkeit ermöglichten es Netscape, dem großen Interesse von Kunden zu begegnen und die Entwicklung in immer neue Bereiche voranzutreiben.

Ein Vorgehen, das aufgrund der immensen Kapitalintensität zu einem unvergesslichen Börsengang eines extrem jungen und von Gewinnen noch weit entfernten Unternehmens führte.

3.2. Netscape in der Internetökonomie

Wie im vorangegangenen Abschnitt bereits angedeutet, war Netscapes Vorgehen geprägt von schnellem Wachstum und der Erschließung neuer Möglichkeiten, die durch das Medium Internet entstanden. Geschwindigkeit und Innovation als zwei wesentliche Faktoren.

Produktzyklen von mehr als 1,5 bis 2 Jahren galten in der „Netscape Time"[26] als nicht mehr zeitgemäß.[27] Andreessen definierte als Ziel 3-monatige Produktzyklen, die aufgrund interner Diskussionen und Umsetzbarkeit auf 6 Monate verlängert, aber dennoch eine erhebliche Geschwindigkeitszunahme in der Produktentwicklung bedeuteten.

---

[23] Vgl. Quittner, Slatalla /Speeding the Net/ 95.

[24] Vgl. zur Person Quittner, Slatalla /Speeding the Net/ 142-146.

[25] Vgl. Quittner, Slatalla /Speeding the Net/ 197-204.

[26] Vgl. Clark, Edwards /Netscape Time/ 65.

[27] Vgl. Hof /Netscape, Outrun Microsoft/ 41.

Im Folgenden sollen einzelne Handlungen der Netscape Führung unter dem Hintergrund des bereits zu Beginn vorgestellten Vergleiches mit einem Judo-Kampf dargestellt und erläutert werden.

Clark und Andreessen waren mit dem Navigator nicht als erste am Markt, denn nachdem der Mosaic-Browser dem Internet zu großem Interesse verholfen hatte, waren nach der Lizenzvergabe über den Mosaic-Code eine Vielzahl von Browsern auf dem Markt entstanden.[28] Der Erfolg des Navigators gegenüber der Konkurrenz lässt sich anhand der „Beweglichkeit" erklären. Netscape betrat den Markt in einer unbestrittenen Nische. Während andere Firmen versuchten, möglichst viele Funktionen, wie z.B. Einwahltools oder Mailfunktionen in ihre Produkte zu integrieren, bot es als einziges Unternehmen einen reinen Browser an. Der Navigator 1.0 war konkurrenzlos in Geschwindigkeit, Stabilität und Größe.

Ein zweiter Aspekt der Beweglichkeit war ein innovatives Preismodell des „free, but not free"[29] bzw. „Follow the Free"[30] in Verbindung mit einem Distributionsmodell, dass bereits dem Mosaic-Browser zu schneller Verbreitung verholfen hatte. Mangels Zugangstool waren Netscapes Zielgruppe Nutzer, die bereits über eine Internetverbindung verfügten und so wurde der Browser ausschließlich per Download über das Internet vertrieben. Durch Ausnutzung der Eigenschaften vollständig digitaler Güter, nämlich variabler Stückkosten von nahezu Null, hatte Netscape in der Preisgestaltung einen Vorteil gegenüber der Konkurrenz, die ihre Produkte über herkömmliche Distributionswege vertrieb oder Lizenzgebühren abzuführen hatte.

Das Modell sah die kostenlose Nutzung des Browser über eine Testphase von 90 Tagen und eine spätere Registrierung gegen eine geringe Gebühr (nur für Unternehmen) vor. Ein weiterer Grund für die Möglichkeit einer solch offensiven Preisgestaltung war, dass Netscape sich nicht nur als Browser-Anbieter verstand, sondern sein Geschäft umfassender als Internet-Anbieter definierte und somit auch über den Verkauf von Server-Software Erträge generierte. Ziel war es, auf dem Browsermarkt möglichst schnell einen gewichtigen Marktanteil zu gewinnen, um von Increasing Returns zu profitieren.

Netscape nutzte das Internet aber nicht nur für die Distribution, sondern integrierte es zudem in die Produktentwicklung. In Abständen von wenigen Wochen veröffentlichte Beta-Versionen, stießen auf großes Interesse und das Feedback der Nutzer ersetzte teure

---

[28] Vgl. zu den folgenden Absätzen Cusumano, Yoffie /Competing on Internet Time/ 95-106.

[29] Vgl. Cusumano, Yoffie /Competing on Internet Time/ 97-100.

und zeitaufwendige Testphasen, wie sie bei anderen Unternehmen üblich waren. Hinzu kam der interne Einsatz früher, in der Entwicklung befindlicher Programmversionen, um deren Stabilität und Effizienz testen und verbessern zu können.[31] Ein Prinzip, das von internen Stimmen mit „We eat our own dog food" beschrieben wurde.

Fehler und Schwächen wurden in Folgeversionen beseitigt und die Bedürfnisse der Kunden flossen direkt in die Softwareentwicklung ein. Konsequenz war ein konkurrenzloses Produkt mit einem beeindruckenden Marktanteil von fast 90 Prozent. Aufgrund der Preispolitik war es allerdings nicht möglich, aus diesem Marktanteil entsprechende Erträge zu generieren.

Eine sehr bedeutende Ertragsquelle für Netscape, und hier konnte man von dem Marktanteil auf dem Browsermarkt profitieren, war die eigene Website. Neben der Bedeutung für das eigene Marketing und die Produktentwicklung war die Seite aufgrund ihrer Bekanntheit und extrem starken Frequentierung eine lukrative Werbeplattform für eine Vielzahl von Firmen. Hof beschreibt die Website in seinem Artikel sehr treffend als „... a great marketing vehicle – and a money-maker.".

Die Suche nach weiteren Ertragsquellen führte 1995 zu einer Verschiebung des Fokus auf Lösungen für Unternehmensnetzwerke (Intranets), einem Bereich, der ebenfalls nicht zu den Stärken Microsofts gehörte, bevor 1997 die Verknüpfung eben dieser internen Netze in Form von Extranets in den Mittelpunkt von Netscapes Interesse rückte.

3.3. „Open Standards" und „Open Source"

Ohne eine konkrete Vorstellung über das zukünftige Netz der Netzwerke zu haben, stand hinter der Browsertechnologie der zentrale Gedanke der offenen Standards. Es war unverzichtbar, dass die unterschiedlichen Kombinationen von Hard- und Software mit Hilfe von offenen Protokollen miteinander kommunizieren könnten - der Browser als wesentliche Schnittstelle, über die alle Computeranwendungen laufen.

Offene Standards sind von internationalen Industriekonsortien (z.B. dem W3C - World Wide Web Consortium)[32] entwickelte und anerkannte Basistechnologien, deren technische Beschreibung und Funktionsweise für jeden frei zugänglich sind und somit die

---

[30] Vgl. Zerdick /Die Internetökonomie/ 190-193.

[31] Vgl. zu dem folgenden Abschnitt Hof /Netscape, Outrun Microsoft/ 42.

[32] Nähere Informationen auf der WebSite http://www.w3c.org.

Entwicklung von aufbauenden Entwicklungen vereinfachen bzw. überhaupt erst ermöglichen.[33]

Die Netscape-Führung sah drei wesentliche Schwachstellen, um den „Hebel" anzusetzen und von dem Prinzip der offenen Standards zu profitieren:[34]

1. Microsofts Strategie der ersetzenden Produktzyklen (vgl. Kapitel 4.1): Sie setzt die Upgradebereitschaft der Nutzer voraus. Anwender älterer Betriebssystemversionen bzw. von Betriebssystemen anderer Anbieter haben nicht die Möglichkeit, die in neuen Versionen integrierten Tools zu nutzen. Diesen Kunden bietet Netscape mit dem plattformübergreifenden Ansatz einen Browser auf dem neuesten Stand.

2. Die heterogenen Systemumgebungen in den meisten Unternehmen: Aufgrund der Kapitalintensität einer Systemumstellung fällt es Microsoft schwer, auch in Unternehmen mit Windows NT eine einheitliche Betriebssystemumgebung zu schaffen, wie es ihnen bei Desktop-Computern gelungen ist. Der Bedarf und das Interesse an funktionsfähigen, plattformübergreifenden Lösungen ist groß.

3. Der Aufbau der Software auf proprietären Standards und die Abhängigkeit von diesen: Vor dem Hintergrund, dass sich das Potential der Internettechnologie nur unter Verwendung von offenen Standards voll entfalten kann, wird die von Netscape vertretene Strategie des „open, but not open" immer mehr Anhänger finden und an Bedeutung gewinnen.

Auch die Implementierung der Programmiersprache Java[35] unterstrich das Bestreben Netscapes, systemübergreifende Lösungen anzubieten.

Nachdem es aufgrund der wachsenden Bedeutung des Internets zu einem aggressiven Markteintritt von Microsoft gekommen war (vgl. Kapitel 4.2), fand sich Netscape immer häufiger in Sumo-Auseinandersetzungen mit Microsoft wieder und bewies im Frühjahr 1998 erneut Flexibilität, um sich der direkten Konfrontation zu entziehen. Mit der Veröffentlichung des „source code" (Quellcode) für den Communicator, versuchte Netscape erneut das Internet als „Hebel" zu nutzen. Aufbauend auf die Erfahrungen bei der Einbindung der Nutzer zu Testzwecken, rekrutierte man auf diese Weise eine riesige Zahl von Programmieren für die Weiterentwicklung des Produktes.

---

[33] Vgl. Cusumano, Yoffie /Competing on Internet Time/ 25.

[34] Vgl. ausführlicher zu den folgenden Absätze Cusumano, Yoffie /Competing on Internet Time/ 120-138.

[35] Java ist eine Programmiersprache, die es ermöglicht Programme systemunabhängig direkt über das Internet auszuführen. Vgl. Korzeniowski /Microsoft versus Netscape/ 71.

Die Idee hinter dem Begriff des „open source" ist einfach: Durch die Verfügbarkeit des Quellcodes ist es jedem Programmierer auf der Welt möglich, ein Programm bzw. Teile eines Programms zu verbessern und weiterzuentwickeln. Ein Kreislauf entsteht, der im Vergleich zur herkömmlichen Softwareentwicklung erstaunlich schnell, qualitativ hochwertige Programme entstehen lässt.[36]

Netscapes Bedingung für die Nutzung des Quellcodes war es, dass Veränderungen ihnen zugänglich gemacht werden mussten. Die eigene Aufgabe bestand nun darin den Entwicklungsprozess zu koordinieren und schließlich die beste Version der Neuentwicklungen als neue Programmversion zu präsentieren.

Netscape erhielt wegen der Rückkehr zur Offenheit, denn das Prinzip des „open, but not open" war in die Kritik geraten, da es die Gefahr von neuen proprietären Standards (denen von Netscape) barg, viel positives Feedback und Unterstützung aus der open source Gemeinde.

4. Microsoft – The Giant Strikes Back

4.1. Strategie: Implementierung und Kontrolle eigener Standards

Microsoft hat sich seit seiner Gründung zum mit Abstand größten Softwareunternehmen der Welt entwickelt, das in nahezu allen Softwarebereichen aufgestellt ist und einen bedeutenden Marktanteil besitzt.[37]

Ausgangspunkt für den Erfolg des Unternehmens war die herausragende Stellung, die sich Microsoft in Folge eines frühen Auftrages von IBM im Bereich der Betriebssysteme für Desktop PCs aufbauen konnte. Ein überragender Marktanteil von heute über 90 Prozent diente zum Eintritt und zur Eroberung einer Softwarenische nach der anderen. Immer mit dem Ziel möglichst die Märkte zu erobern, die das größte Umsatz- und Gewinnpotential boten. Microsoft war nie als First-Mover auf dem Markt, verstand es aber Chancen zu erkennen, mit großem Aufwand gute Produkte zu entwickeln und diese dann aggressiv zu vermarkten. Als Microsoft MS-DOS durch die graphische Benutzeroberfläche Windows ersetzte, machte es damit das alte Betriebsystem zwar überflüssig, konnte aber erfolgreich neue Massenmärkte stimulieren, die großes Potential boten. Vor allem der daraus resultierende Markt für Windows-kompatible Anwendungssoftware war Ausgangspunkt für einen weiteres, von Microsoft heute klar dominiertes Segment.

[36] Nähere Informationen zum Gedanken des "open source" im Internet unter http://www.opensource.org.
[37] Vgl. detaillierter zu diesem Kapital Cusumano, Selby /Die Microsoft-Methode/ 139-188.

Mit Windows war eine neuer Standard für graphische Benutzeroberflächen geboren, der geschickt auf die Unternehmensebene (Windows NT) und den Anwendungssoftwarebereich (Office-Paket) übertragen werden konnte.

Gates verfolgte stets das Ziel der Steigerung des Absatzvolumens, um im Rahmen der Netzwerkökonomie von Increasing Returns zu profitieren. Durch ständige Produktverbesserungen, den Ersatz alter Versionen, die Integration immer neuer Funktionen und die Verknüpfung der verschiedenen Softwareprodukte gelang es Microsoft seine dominierende Marktposition zu behaupten und sogar auszubauen. (ausführlich Microsoft Methode)

4.2. „Pearl Harbor Day speech" – Der Browser im Produktportfolio

Die Eigenschaft, Chancen einer neuen technologischen Entwicklung frühzeitig zu erkennen, welche Microsoft in den Jahren zuvor ausgezeichnet hatte, ließ das Unternehmen im Aufbau seiner Internetaktivitäten vermissen.

Obwohl Mitarbeiter schon früh auf die Entwicklung des Internets aufmerksam machten, sah Gates wenig Ertragspotential in dieser Technologie und die Bedeutung des Internets wurde vorerst unterschätzt.[38] Die Konfrontation mit den ersten Browsern Anfang 1994 veranlasste zu zaghaften Schritten in der Strategieausrichtung bzgl. des Netzes, bevor Gates Mitte 1995 das Netz in einem Memo mit dem Titel „The Internet Tidal Wave" zur wichtigsten Entwicklung erklärte.

Am 7. Dezember 1995 machte Gates schließlich vor Journalisten und Analysten unmissverständlich deutlich, dass Microsoft die Herausforderung Internet angenommen hat und stellte die Internetstrategie des Softwaregiganten vor:[39] Microsoft würde einen eigenen, direkt in das Betriebssystem integrierten Browser kostenlos anbieten und aufbauend auf die Mosaic-Lizenz von Spyglass auch Browserversionen für andere Betriebssysteme entwickeln. Er gab die bevorstehende Lizenzvereinbarung mit Sun über die Programmiersprache Java bekannt, betonte den Fokus auf die Entwicklung von internetfähigen Anwendungen und die zentrale Bedeutung der Internetfähigkeit der gesamten Microsoftproduktfamilie.

---

[38] Vgl. zu diesem Absatz Rebello /Inside Microsoft/ 40-43.

[39] Vgl. zu diesem Absatz Quittner, Slatalla /Speeding the Net/ 263-265.

Auch Microsoft zeigte sich mit der Anwendung diverser „Judo-Taktiken" bestens vertraut und richtete nun alle Anstrengungen darauf, Marktanteile von Netscape zu gewinnen.

"Flexibilität" zeigte Microsoft in der zentralen Strategieaussage des „embrace and extend".[40] Man würde die am Markt entstandenen Standards aufnehmen und darauf aufbauend die eigenen Produkte bzgl. ihrer Internetfähigkeit weiterentwickeln.

Schon mit der Ankündigung, einen kostenlosen Browser anzubieten, hatte Gates einen ersten „Hebel" genutzt. Microsoft war es aufgrund des finanziellen Backgrounds und der damit verbundenen Unabhängigkeit von den Erträgen aus dem Internetgeschäft möglich, den Browser nicht nur „free, but not free", sondern tatsächlich „free" anzubieten.

Die Finanzstärke von Microsoft ermöglichte die kurzfristige Gründung einer 2.500 Mitarbeiter starken „Internet Platform & Tools Division" (allein 800 verantwortlich für die Entwicklung des Internet Explorers),[41] deren Aufgabe es war, schnell die Lücke zu den Konkurrenten zu schließen und die selbstbewusst definierten Strategieziele umzusetzen. Nicht nur einzelne Mitarbeiter wurden für die neue Abteilung rekrutiert bzw. abgestellt, sondern im Rahmen umfangreicher Akquisitionsmaßnahmen ganze Unternehmen, die als Internet Start-Ups bereits vielversprechende Ergebnisse und Erfahrungen in verschiedenen Bereichen von Softwarelösungen, Tools und sonstigen Technologien erarbeitet hatten, integriert.[42]

Man war nicht gezwungen sich durch geschicktes Marketing oder innovative Distributionsmodelle einer direkten Auseinandersetzung mit Netscape zu entziehen, denn über die Jahre hatte sich gezeigt, das nur wenige Konkurrenten in der Lage waren, sich in einer direkten Auseinandersetzung gegen Microsoft lange am Markt zu behaupten.[43]

Drei wesentliche Vertriebswege waren für eine effektive Verbreitung des Browsers entscheidend:[44]

1. Computerhersteller: Die Marktmacht im Segment der Betriebssysteme von Desktop PCs wurde durch die anfangs vertragliche und später technologische Bindung des Internet Explorers an Windows für den Vertrieb des neuen Produktes genutzt. Durch dieses

---

[40] Vgl. Cusumano, Yoffie /Competing on Internet Time/ 306.

[41] Vgl. Quittner,Slatalla /Speeding the Net/ 266.

[42] Vgl. Rebello /Inside Microsoft/ 43 (Übersicht: "Buying the Parts for a Net Strategy").

[43] Vgl. Cusumano, Yoffie /Competing on Internet Time/ 145.

[44] Vgl. Ingram /Microsoft-Prozess/ 3-4.

Vorgehen erreichte es Microsoft, dass der Browser auf jedem mit Windows ausgeliefertem System bereits vorinstalliert war und dem Nutzer unmittelbar zur Verfügung stand.

2. Internet Service Provider (ISP): Als weiteren wesentlichen Vertriebskanal galt es, die Internet Service Provider für den Internet Explorers zu gewinnen.

3. Großkunden: Dritter Ansatzpunkt für Microsoft war es, den Internet Explorer bei Geschäftpartnern und großen Unternehmen zu etablieren, um ihn möglichst schnell auf möglichst vielen Arbeitsplätzen zum Standardbrowser zu machen.

4.3. Microsofts Marktmacht

Immer wieder gab es im Zusammenhang mit dem Wettbewerbsverhalten Microsofts Zweifel, Beschwerden und Untersuchungen bzgl. der Einhaltung wettbewerbsrechtlicher Bestimmungen. Im Antitrust-Prozess USA vs. Microsoft beklagen 20 Bundesstaaten eine wettbewerbsbehindernde Ausnutzung der Marktmacht im Segment der PC-Betriebssysteme.[45] Dabei wird nicht das Monopol als solches, sondern diverse Geschäftspraktiken beanstandet.

Schwerwiegende Vorwürfe resultierten vor allem aus dem Verhalten gegenüber Netscape während des Browserkrieges und haben letztlich zum Schuldspruch Microsofts geführt.

Besonders in Bezug auf die Vermarktungsmethoden des Internet Explorers lässt sich belegen, dass Microsoft seine Monopolstellung nutzte, um den eigenen Browser auf Kosten des Navigators zu etablieren.

Die Kopplung an das Betriebssystem und das vertragliche Verbot den Explorer aus der Windows-Oberfläche zu entfernen, sicherte den Zugang im Markt der Computerhersteller und verschaffte dem Explorer eine mehr als 90 prozentige Präsenz bei neuausgelieferten PCs.[46] Am Beispiel Compaqs wird deutlich, wie Microsoft Netscape mit Hilfe der Abhängigkeit der Hersteller von der Windows-Lizenz aus einem entscheidenden Vertriebskanal verdrängte. Ursprüngliche lieferte Compaq als Geschäftspartner von Netscape jeden neuen PC mit dem Navigator aus und entfernte den Explorer vom Desktop der Windows-Oberfläche. Nachdem Microsoft dieses Vorgehen durch entsprechende Windows-Lizenzvereinbarungen unterbunden hatte und über eine gewisse Über-

---

[45] Vgl. zu diesem Kapitel Windrum /Strategic use of standards/ 7-8 und Ingram /Microsoft-Prozess/.

[46] Vgl. zu diesem Absatz Qittner, Slatalla /Speeding the Net/ 265-268.

gangszeit beide Browser auf den Neugeräten vorhanden waren, entschied sich Compaq schließlich, nur noch den Internet Explorer zu vertreiben.

Aufgrund von finanziellen Anreizen und unter Einsatz von Drohungen, die Präsenz in der Auswahlliste des Internet-Verbindungsassistenten betreffend, wurden auch die Internet Service Provider für das Microsoft Produkt gewonnen.

Zu dem gleichen Ergebnis führten Druckmittel bei großen Kunden und Konkurrenten wie zum Beispiel KPMG[47] und Apple.

Auch gegenüber Netscape selbst wandte Microsoft Taktiken an, die zumindest als fragwürdig zu bezeichnen sind[48]. So verzögerte Microsoft die Bekanntgabe der für die Windows-Integration des Netscape Navigators notwendigen APIs (Application Programming Interface), so dass Netscape an der termingerechten Fertigstellung der Version 2.0 gehindert wurde. Im Gegenzug für die Mitteilung der notwendigen Schnittstelleninformationen bot Microsoft Netscape eine nicht unbedeutenden Beteiligung an, die einen Sitz in der Führungsebene von Netscape bedeutet hätte und somit die Kontrolle bzw. das Wissen über die zukünftige Strategie.

Zwar wurden diverse Auflagen gemacht und Konsequenzen bis hin zur Zerschlagung von Microsoft diskutiert, doch führte der Prozess bis heute nicht zu einem endgültigen Ergebnis und es ist nicht abzusehen, welche konkreten Folgen die Geschäftspraktiken der Vergangenheit für Microsoft haben werden.

5. Die (vorläufige?) Entscheidung und ein kurzer Ausblick

Microsoft hat den Kampf um die Vorherrschaft auf dem Browsermarkt mittlerweile eindeutig für sich entschieden und ist mit einem Marktanteil von gut 85 Prozent[49] klar dominierend.

Obwohl Netscape, neben der Pflege des Kernproduktes Navigator, immer früh versucht hat, neue, weniger umkämpfte Märkte zu besetzen, konnte die Abhängigkeit von den Browsererträgen nie überwunden werden. Die wachsenden Probleme auf diesem Markt bzw. die Konkurrenz durch Microsoft führten zur massiven Verschlechterung der Geschäftsentwicklung und -ergebnisse und letztlich zur Übernahme durch AOL im November 1998. Dabei stand für AOL nicht die Browsertechnologie im Mittelpunkt des

---

[47] Vgl. Quittner, Slatalla /Speeding the Net/ 292.

[48] Vgl. zu diesem Absatz Clark, Edwards /Netscape Time/ 234-237.

[49] Die Suchmaschine MetaGer veröffentlicht unter http://www.metager.de (Rubrik Browserkrieg) eine Statistik über die Zugriffe der verschiedenen Browser auf eben diese Seite.

Interesses, sondern vielmehr die Kundenbasis, die enorme Verbreitung und die Bekanntheit des Netscape Portals „Netcenter".[50] Dies wird auch daran deutlich, dass AOL zu diesem Zeitpunkt noch in einer Kooperation mit Microsoft bzgl. des Vertriebes des Internet Explorers stand, die aus der Hochzeit des Browserkrieges resultierte.[51]

Durch immensen Entwicklungsaufwand war es Microsoft 1996 gelungen, erstmals ein gleichwertiges Produkt auf den Markt zu bringen und den Technologievorsprung, der Netscape gegenüber allen anderen Browserherstellern auszeichnete, zu durchbrechen. Nun kehrte sich der frühere Vorsprung mehr und mehr ins Gegenteil um, weil die neueren Navigator-Versionen nicht mehr die ursprüngliche Qualität liefern konnten.

Dieses Bild könnte sich allerdings erneut ändern, wenn AOL Time Warner sich zu einem Wechsel des Browsers entscheiden und der Entwicklung eines qualitativ mindestens ebenbürtigen Produktes wieder mehr Interesse geschenkt werden sollte.[52] Denn aktuell überschneiden sich die Geschäftsfelder von AOL Time Warner und Microsoft mehr und mehr und die Fronten verhärten sich. Zudem bleibt abzuwarten, welche Folgen der Anti-Trust-Prozess letztlich für Microsoft haben wird und inwieweit die heutige Monopolstellung Bestand haben wird. AOL Time Warner, in enger Kooperation mit Sun, dürfte jedenfalls ein stärkerer Gegner als Netscape sein.

Aber nicht nur im Bereich der Internettechnologien wird es zu wegweisenden Auseinandersetzungen kommen, denn auch im Segment der Computer-Betriebssysteme könnte für Microsoft ernstzunehmende Konkurrenz entstehen, wenn „United Linux" mit Unterstützung diverser Großunternehmen eine überzeugende Alternative bieten kann (dap-Meldung 30.05.02).

6. Analyse / Fazit

Abschließend sollen noch einmal die für den Ausgang des Browserkrieges entscheidendsten Aspekte, inklusive gezeigter Schwächen und Fehlern, zusammengestellt werden, ohne erneut auf evtl. wettbewerbsbehinderndes Verhalten hinzuweisen:

Jim Clark und Marc Andreessen ist es mit ihrer Vision vom Internet gelungen, Netscape zur bisher größten Herausforderung und Bedrohung des Softwaregiganten zu machen.

---

[50] Vgl. Windrum /Strategic use of standards/ 8-9.

[51] Entstanden war diese Kooperation durch das Angebot von Microsoft, ein AOL-Icon auf dem Windows-Desktop zu integrieren.

[52] Vgl. ausführlicher zu diesem Absatz Fowler /Change is the only constant/ 5-8.

Wesentlich für den unvergleichlichen Aufstieg des Unternehmens war die Rekrutierung eines außergewöhnlichen Personalpotentials. Aufgrund dieser Personalausstattung war es Netscape möglich, einen überlegenen Browser zu entwickeln und sich durch geschickte Integration des Internets in die Vertriebs- und Entwicklungsstruktur des Unternehmens eine herausragende Marktstellung zu erarbeiten. Weitere Akquisitionen und schnelles personelles Wachstum in Management- als auch Programmiererpositionen, stärkten die Kompetenz bei der Geschäftsführung und waren notwendige Voraussetzungen, um die Geschwindigkeit der Produktentwicklung und -differenzierung aufrecht zu erhalten. Spätestens mit dem einzigartigen Erfolg bei seinem Börsengang und dem öffentlichen Interesse an einer Welt der offenen Standards, bedrohte Netscape direkt die Monopolstellung Microsofts. Deutliche und selbstbewusste Worte[53] trugen nicht zur Rücksichtnahme des übermächtigen Gegners im weiteren Verlauf des Browserkrieges bei.

Als Microsoft die Bedrohung und Gefahr durch das Internet erkannt hatte, erlangte das Thema schnell oberste Priorität und eine überzeugende Internetstrategie wurde entwickelt. Dabei können nur wenige Unternehmen der Welt auf vergleichbare Ressourcen zurückgreifen. Mit einem finanziellen Kraftakt und der Fokussierung einer riesigen Forschungs- und Entwicklungsabteilung auf das Thema Internet, konnte die entstandene Lücke zu Netscape schnell geschlossen und ein konkurrenzfähiger Browser vorgestellt werden. Auch bei der Markteinführung waren letztlich Finanzstärke und Marktposition entscheidend, um die wesentlichen Vertriebswege zu erschließen und den Netscape Navigator aus diesen zurückzudrängen.

In der Computerindustrie kamen Microsoft dabei zwei entscheidende Faktoren zu Gute:[54] Zum ersten brachte das rasante Wachstum des Internets ständig neue Nachfrager auf den Markt. Es war folglich nicht erforderlich, die Netscape Nutzer für sich zu gewinnen, sondern Ziel war es, den Großteil der neuen Nutzer auf sich zu vereinen. Zum zweiten profitierte Microsoft durch den Vertrieb über die Computerhersteller von Lock-In-Effekten, die dadurch entstanden, dass jeder neue Rechner mit einem bereits vorinstallierten Internet Explorer ausgeliefert wurde und der Wechsel zu einem anderen Browser bereits mit Wechselkosten verbunden war (z.B. Beschaffung der Alternativsoftware und Installation).

---

[53] Vgl. z.B. Cusumano, Yoffie /Competing on Internet Time/ 105 und Hof /Netscape, Outrun Microsoft/ 41 u. 42.

[54] Vgl. zu diesem Absatz Windrum /Strategic use of standards/ 7.

Des weiteren konnten entscheidende Kooperationen und Exklusivverträge auf Kosten von Netscape geschlossen werden. Zum einen machte Microsoft dabei verschiedenen Unternehmen mit Hilfe diverser Anreize attraktivere Angebote, als es Netscape jemals möglich gewesen wäre. Zum anderen war es bei der Entscheidung vieler Unternehmen von Bedeutung, von welchem Kontrahenten des „offen tobenden Browserkrieges" sie in Zukunft mehr Stabilität, besseren Service und nachhaltigen Support erwarten konnten – vielfach fiel auch aus diesem Grund die Wahl auf Microsoft.

Netscape hat zu Beginn des Browserkrieges fast alles „richtig gemacht", konnte sich in den Sumo-Auseinandersetzung, die Microsoft teilweise ganz bewusst herbeiführte, die das Unternehmen teilweise aber aus Übermut auch selber provozierte, nicht gegen den Softwaregiganten behaupten.

Den damit einhergehenden Verlust von Marktanteilen und wichtigen Geschäfts- und Kooperationspartnern konnte das Unternehmen nicht kompensieren.

Jim Clark selbst beschreibt abschließend: „... a discouraging cautionary tale to anyone who thinks they can do something better then Microsoft. ... Getting a jump on Microsoft with a great product, hard work, and great timing, as we once did, is now seen as a temporary and therefore meaningless advantage; ... they [Microsoft] can push anyone out of the way whenever they want."

Literaturverzeichnis

Afuah, Tucci /Internet business models/
Allan Afuah, Christopher L. Tucci: Internet business models and strategies. Text and cases. Boston u.a. 2001

Arthur /Increasing Returns/
W. Brian Arthur: Competing technologies, increasing returns and lock-in by historical events. In: Economic Journal. 99, 1989, S. 116-131

Clark, Edwards /Netscape Time/
Jim Clark, Owen Edwards: Netscape Time. The Making of the Million-Dollar Start-Up That Took On Microsoft. New York 1999

Cusumano, Selby /Die Microsoft-Methode/
Michael A. Cusumano, Richard W. Selby: Die Microsoft-Methode. Sieben Prinzipien, wie man ein Unternehmen an die Weltspitze bringt. München 1997

Cusumano, Yoffie /Competing on Internet Time/
Michael A. Cusumano, David B. Yoffie: Competing on Internet Time. lessons from Netscape and its battle with Microsoft. New York 2000

Fowler /Change ist the only constant/
Dennis Fowler: Online Services. Change is the only constant. In: netWorker. Volume 3, 1999, S. 5-8

Hof /Netscape, Outrun Microsoft/
Robert D. Hof: Netscape. How it plans to outrun Microsoft. In: Business Week. 1997-02-10, S. 38-44

Ingram /Microsoft-Prozess/
Mike Ingram: Microsoft-Prozess entlarvt räuberische Geschäftspraktiken des Konzerns. http://www.wsws.org/de/2000/jun2000/micr-j03.shtml, Abruf am 2002-03-10

Katz, Shapiro /Network Externalities/
Michael L. Katz, Carl Shapiro: Technology Adoption in the Presence of Network Externalities. In: Journal of Political Economic 94, 1986, S. 822-844

Korzeniowski /Microsoft versus Netscape/
Paul Korzeniowski: Microsoft versus Netscape. The Battle for the Internet Infrastructure. Charleston 1997

Porter /Strategy and the Internet/
Michael E. Porter: Strategy and the Internet. In: Harvard Business Review. Nr. 3, 2001, S. 63-78

Quittner, Slatalla /Speeding the Net/

Joshua Quittner, Michelle Slatalla: Speeding the Net. The Inside Story of Netscape and How It Challenged Microsoft. New York 1998

Rebello /Inside Microsoft/
Kathy Rebello: Inside Microsoft. The untold story of how the Internet forced Bill Gates to reverse course. In: Business Week. 1996-07-15, S. 38-45

Stelzer /Digitale Güter/
Dirk Stelzer: Digitale Güter und ihre Bedeutung in der Internet-Ökonomie. In: WISU - Das Wirtschaftsstudium. Nr. 6, 2000, S.835-842

Windrum /Strategic use of standards/
Paul Windrum: Back from the brink. Microsoft and the strategic use of standards in the Browser Wars. Maastricht (MERIT) 2000

Yoffie, Cusumano /Judo Strategy/
David B. Yoffie, Michael A. Cusumano: Judo Strategy: The competitive dynamics of Internet time. In: Harvard Business Review. Nr. 1, 1999, S. 71-82

Zerdick /Die Internetökonomie/
Axel Zerdick: Die Internetökonomie. Strategische Konsequenzen für Medien- und Kommunikationsunternehmen im digitalen Zeitalter. Berlin u.a. 1999

Thesenpapier

1. Die Entwicklung des Internets hat die Geschäftswelt tiefgreifend verändert. Für eine weiterhin erfolgreiche Geschäftätigkeit ist eine Strategieanpassung unverzichtbar.

2. Besonders bei digitalen Gütern kommt es aufgrund von Lerneffekten zu sehr hohen Wechselkosten.

3. Die Entwicklung des Internets führt zu einer deutlichen Verkürzung von Produktzyklen und -entwicklungszeiten.

4. Um in der Internetökonomie erfolgreich zu sein, muss man die Besonderheiten von digitalen Gütern beachten und geschickt nutzen.

5. In einer Welt der "offener Standards" können sich keine monopolähnlichen Marktverhältnisse bilden bzw. dauerhaft behaupten.

6. Die Integration des Internets bei der Softwareentwicklung ("open source"-Gedanke) führt zu einer schnelleren Entstehung effizienterer Lösungen.

7. Ohne das Setzen und das Profitieren von proprietären Standards ist das Ertragspotential in der Internetökonomie begrenzt.

8. Microsoft wäre es ohne den Einsatz einiger umstrittener und viel diskutierter Geschäftspraktiken nicht gelungen, sich (so schnell) gegen Netscape durchzusetzen.

9. Die Eroberung wesentlicher Distributionswege hat den Browserkrieg zugunsten von Microsoft entschieden.

10. Der Browserkrieg ist noch nicht beendet.